ESSAI

SUR LES MOYENS DE FAIRE PARTICIPER

L'UNIVERSALITÉ DES SPECTATEURS

A TOUT CE QUI SE PRATIQUE

DANS

LES FÊTES NATIONALES.

ESSAI

SUR LES MOYENS DE FAIRE PARTICIPER

L'UNIVERSALITÉ DES SPECTATEURS

A TOUT CE QUI SE PRATIQUE

DANS

LES FÊTES NATIONALES.

Lu à la classe des Sciences morales et politiques
de l'Institut National de France, dans la
séance du 22 vendémiaire, an 6ᵐᵉ. de la
République,

Par L. M. REVELLIÈRE-LÉPEAUX,

MEMBRE DE L'INSTITUT.

A PARIS,

CHEZ H. J. JANSEN, IMPRIMEUR - LIBRAIRE,
RUE DES SAINTS-PÈRES, Nᵒ. 1195, F. S. G.

AN 6ᵐᵉ.

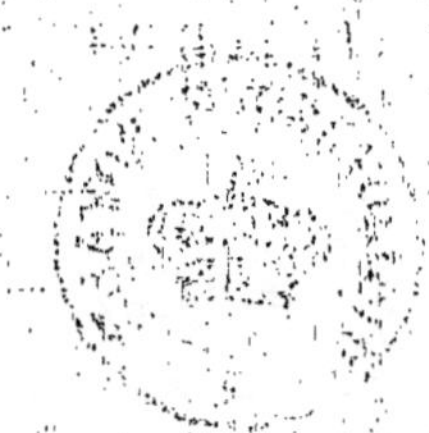

ESSAI

SUR LES MOYENS DE FAIRE PARTICIPER

L'UNIVERSALITÉ DES SPECTATEURS

A TOUT CE QUI SE PRATIQUE

DANS

LES FÊTES NATIONALES.

LE 18 fructidor a frappé l'aristocratie au moment où elle alloit anéantir la constitution. A la suite de cette journée, le Corps Législatif a pris de grandes mesures pour punir les traîtres, et réduire à l'inaction les nombreux ennemis de la liberté françoise. En supposant qu'il croie nécessaire d'en adopter de nouvelles, elles seront sans doute aussi le fruit de la saine raison et celui d'une politique éclairée.

A 2

Cependant ces dispositions, quelle qu'en soit la sagesse et l'énergie, seront insuffisantes pour assurer le maintien de la République. Ce n'est pas par la contrainte que l'homme peut être solidement attaché même à ce qui doit faire sa gloire et son bonheur. Souvent alors il ne songe qu'au lien qui le presse, et refuse de se livrer aux nombreuses jouissances qui lui sont offertes. Entraîné par d'aveugles passions, il abandonne ses droits les plus précieux, s'expose aux plus grands maux et se livre à la plus humiliante servitude pour éviter une légère contradiction. La force d'ailleurs est un moyen qui s'use, ou qui finit à la longue par être funeste à la liberté, lors même que l'emploi n'en est fait que pour son établissement et son maintien. L'ambition et l'intrigue s'emparent tôt ou tard de ce moyen et celui ou ceux qui parviennent à le diriger deviennent à leur tour les maîtres de l'état. Un esclavage est dès-lors remplacé par un esclavage encore plus oppressif. C'est ce qui nous arriva en 1793 ; et si le trop fameux comité de salut public eut été composé d'hommes moins féroces et plus habiles , ils auroient infailliblement perpétué leur pouvoir et fondé une oligarchie durable , placée à la tête d'une longue suite d'oligarchies secondaires , ou même de nouveaux seigneurs sous un autre nom , disposés par échelons depuis cette vaste cité jusque dans les plus petites communes. Ce n'est donc qu'avec prudence que l'on doit employer , pour fonder l'empire de la liberté , les formes dont se sert le despote lui-même pour maintenir son injuste puissance.

Je n'entends pas conclure de-là que, dans les circonstances semblables à celles où nous nous trouvons, la plus grande vigueur ne soit indispensable dans les mesures législatives, dans celles du gouvernement et d'administration : si je déteste l'exagération et le crime , je n'en suis pas moins l'ennemi de la foiblesse et de la lâcheté. Je veux dire qu'il importe sur-tout de mettre en usage tout ce qui peut modifier, pour ainsi dire, la substance de l'homme , de manière à l'identifier avec la forme du gouvernement , et à faire de l'amour de la liberté sa passion dominante ;

car alors il ne s'agit plus que de laisser prendre aux choses leur cours naturel. La force étant placée où elle doit l'être, c'est-à-dire, dans la volonté et dans l'union de tous les citoyens, il n'y a pas même de prétexte pour qu'un individu, un corps ou une faction s'en empare, et usurpe ainsi de fait l'exercice de la souveraineté, en alléguant la nécessité de prendre de grandes mesures pour arrêter les progrès de l'esprit d'opposition et sauver l'état de sa ruine.

Les républicains éclairés ont vu avec un plaisir extrême que ces vérités étoient reconnues par le Corps Législatif. Le Conseil des Cinq-cents, débarrassé de conspirateurs qui l'entravoient, s'est empressé de charger des commissions prises dans son sein de lui présenter sans délai des plans pour raviver l'instruction publique et pour donner aux actes civils le caractère et la solemnité qui leur conviennent.

Mais il est un troisième objet dont l'influence n'est pas moins puissante, et qui semble mériter toute notre attention ; ce sont les fêtes nationales. Ceux qui ont assisté à la cérémonie funèbre du général Hoche, ont dû y trouver la preuve de ce que pourront un jour sur l'esprit du peuple ces grandes institutions, lorsqu'elles auront acquis le degré de perfection dont elles sont susceptibles. Je crois donc que c'est remplir le devoir d'un bon citoyen que de faire connoître les idées qu'on a conçues pour atteindre ce point essentiel. Fussent-elles médiocres, elles attireront au moins sur cette importante matière la méditation des philosophes, des gens de lettres et des artistes, et elles serviront ainsi à hâter l'époque que nous désirons. Encouragé par ces réflexions, je vais présenter quelques vues à cet égard.

Je n'entrerai dans aucun développement sur le caractère qui doit être donné aux fêtes nationales : je me contenterai d'observer que le ridicule clinquant des cours et la petitesse de leur cérémonial y seroient aussi déplacés que la hideuse saleté et l'horrible confusion qu'on affectoit dans les éternelles processions maratiques. L'ordre et la propreté dans les spectateurs ; l'ordre et une pompe bien entendue dans ceux qui figurent sont indispensables pour donner toute leur force aux images qui doivent ici agrandir l'ame des citoyens, améliorer leur cœur, en même tems les attacher à la patrie par l'attrait de nobles et innocens plaisirs.

La liberté véritable n'est ni maniérée, ni amie du luxe; mais elle est décente, et sa simplicité même, en bannissant la recherche, appelle le goût. L'enthousiasme qu'elle inspire est le germe de tous les sentimens élevés : il n'a rien de commun avec les honteuses démonstrations d'une feinte allégresse, commandée par le despotisme, ni avec la joie féroce d'une délirante démagogie.

Mais pour obtenir complétement les effets dont nous venons de parler, il faut autant qu'il est possible faire participer tous les spectateurs, quel qu'en soit le nombre, à tout ce qui se voit, à tout ce qui se dit, à tout ce qui se chante, à tout ce qui se fait. C'est la solution de ce problême que je cherche dans cet écrit.

Il faut avant tout partir de ce principe très-différent de celui d'autrefois, savoir que ce n'est que pour le peuple , qui est spectateur , que sont instituées les fêtes publiques , et non pour le petit nombre de citoyens , quels qu'ils soient , qui y figurent. Maintenant je viens à mes moyens.

C'est toujours sur le Champ-de-Mars de Paris que je placerai la scène. Il est aisé de sentir que ce que j'en dirai peut s'appliquer par-tout ailleurs en le proportionnant à l'étendue des lieux , et en substituant les autorités du département ou du canton à celles qui résident dans le chef-lieu de la République.

Sur les glacis qui environnent l'arène s'élèvent des bancs commodes et disposés de manière à ce que l'on voie parfaitement de tous les rangs ; un toit les met à l'abri de l'inclémence des saisons. Il est cruel de voir des femmes , des enfans , des vieillards , passer une journée entière debout , froissés , balottés et achetant le plaisir par une fatigue qui le surpasse , ou tout au moins l'égale. D'un autre côté , la gêne rend inquiet et remuant , nul ne veut rester où il est ; les évolutions et les jeux sont troublés par des déplacemens qu'on ne

peut empêcher , et les spectateurs se pri-
vent eux-mêmes de leurs jouissances.

Ici une objection m'arrête. Elle porte
sur les frais énormes d'une pareille construction dans un lieu aussi étendu que le
Champ-de-Mars ; mais qu'on se rappelle
d'abord que l'ancien monde fut couvert
de monumens de cette espèce. Il faut au
surplus commencer par établir des sièges
en bois , adopter un plan de construction
en pierre et l'exécuter successivement et
par parties. Quelques années ne sont rien
en comparaison de la durée qu'aura notre République en dépit de ses ennemis ,
et bientôt toute l'Europe doit accourir à
nos fêtes nationales , comme jadis la Grèce
entière accourut aux jeux olympiques.

De chaque côté du cirque les sièges sont
distribués par séries, présidées chacune par
un ou plusieurs officiers publics chargés
d'y faire placer les citoyens à leur arri-
vée , ainsi que d'y maintenir l'ordre.

Au milieu du cirque s'élève l'autel de
la patrie (1). Ses proportions sont telles
dans son ensemble et dans ses parties que
le tout ne paroît de la circonférence que

d'une juste grandeur. Par la même raison, si les cérémonies pratiquées sur l'autel comportent quelques évolutions , elles se font en grosses masses, et ceux qui les exécutent sont vêtus des couleurs les plus propres à être apperçues de loin.

Les citoyens sont placés , le cortège paroît monté en grande partie sur des chars découverts (2) ; il est ainsi bien mieux apperçu , et le coup-d'œil en est infiniment plus magnifique et plus imposant ; les chars sont entrecoupés de groupes à cheval et même de quelques-uns à pied , s'il est jugé convenable. Tout ce qui paroît dans le cortège sur l'autel de la patrie et dans le cirque , n'importe à quel titre , est revêtu, non pas d'un simple signe , mais d'un costume complet, drapé avec graces (3), et parfaitement uniforme pour tout ce qui remplit le même emploi ou les mêmes fonctions. La pompe ne peut naître que d'une belle forme dans les vêtemens , et de la diversité entre les groupes , et non de la coupe ridicule de nos habits anguleux et rétrécis, et de la bigarure des individus entre eux. Observez en outre que par le moyen du costume nul ne peut s'introduire dans l'arêne ou sur l'autel de la patrie sans être distingué à l'instant, et rappelé par les cris publics. Les gardes deviennent par - là moins nécessaires, et comme il est toujours fâcheux d'en montrer dans les fêtes des peuples libres, il en faut faire paroître le moins qu'on peut.

Le cortège fait le tour entier de l'amphithéâtre. Arrivé au point par lequel il étoit entré, il descend, se rend à pied et en droite ligne sur l'autel de la patrie : les chars sortent de l'enceinte.

Sur l'autel de la patrie, des discours se prononcent, des hymnes sont entendus, des cérémonies se pratiquent. On se rappelle que l'amphithéâtre est coupé en portions de cercle dont chacune forme une série, de manière que les spectateurs sont divisés en plusieurs sections. Chacune d'elles a son orateur et son orchestre.

Sur l'autel de la patrie s'élève un signal : l'orateur de chaque série attentif dit à haute voix : « Citoyens, *tel* orateur va « prononcer sur l'autel de la patrie le discours suivant. » On fait silence. Un second signal est apperçu ; tous les orateurs en costume, élevés sur des socles posés en face de chaque série, au niveau du rang de sièges le plus inférieur, commencent en même tems que l'orateur qui est sur l'autel de la patrie le discours prononcé par lui.

Des chants se font entendre sur l'autel de la patrie ; les orchestres de toutes les séries, dirigés par des hommes exercés et attentifs aux signaux, exécutent tous à la fois ces mêmes simphonies et ces mêmes chants (4).

Quand aux cérémonies qui se pratiquent, je conviens que tous les assistans n'y participent pas d'une manière aussi immédiate ; ils le font cependant jusqu'à un certain point. Il faut se ressouvenir d'abord que les mouvemens qui se font sur l'autel de la patrie s'opèrent, autant qu'il est possible, par grosses masses ; l'imagination supplée facilement aux détails, parce que l'orateur de chaque série, averti par des signaux, les explique à haute voix au moment même où ils s'exécutent.

Enfin, pour qu'il n'existe pas de confu

sion , chaque série avertit par un signal convenu qu'elle a terminé. son discours, ses chants, et entendu le détail des céré-monies, etc.

Par un tel concours de moyens, deux ou trois cent mille spectateurs éprouvent à la fois les mêmes impressions et parta-gent les mêmes jouissances. Je vais plus loin, je veux que pendant quelques ins-tans tous ensemble ils soient acteurs eux-mêmes.

Une invocation générale à l'Eternel en faveur de la liberté françoise ouvre toutes les fêtes nationales à l'instant où le cortège est placé sur l'autel ; des actions de graces les terminent au moment où il le quitte. Ces actions de graces et cette invocation sont toujours les mêmes, de manière qu'en peu de tems elles deviennent familières à tout le monde. Le signal d'avertissement est donné ; les séries prévenues se tien-nent en silence. Le signal pour commen-cer apparoît : à l'instant quatre ou cinq personnes choisies dans chaque série en-tonnent toutes à la fois l'invocation et l'action de graces , et tous les spectateurs

(15)

sans exception, se dirigeant sur eux, unis-
sent leurs voix d'une extrémité à l'autre
de l'enceinte. Je n'imagine rien de plus
sublime au monde qu'un chœur de deux
ou trois cent mille voix, chanté par des
hommes pénétrés du même sentiment. Son
effet seroit toujours nouveau.

Je me suis entretenu de cette dernière
idée avec un des membres de cet Institut
auquel des compositions du plus beau
style et de la plus grande force assurent
un nom célèbre dans l'histoire de son art,
et dont les airs patriotiques braveront la
lime du tems ; le citoyen Méhul dont je
veux parler, non-seulement n'a pas trouvé
cela impossible, mais il m'a dit au contraire qu'il songeoit à une chose bien plus
extraordinaire, savoir, de faire chanter tout
le peuple assemblé en quatre parties. Il
m'a permis de publier son idée, la voici.

La première partie feroit d'abord la to-
nique ; la seconde, la troisième et la qua-
trième partie donneroient ensuite successivement la tierce, la dominante et l'oc-
tave. Après quoi, ces quatre parties, re-
prenant simultanement, feroient entendre

les quatre notes à la fois. C'est le rithme
seul qui imprimeroit à ces morceaux leur
vrai caractère. Ce rithme devroit être bien
prononcé, afin d'être facilement saisi par
une aussi nombreuse multitude. Le citoyen Méhul m'a souvent répété qu'il
croyoit être assuré de ses moyens d'exécution.

Je crois, quant à moi, que nous pou-
vons, avec la volonté de le faire, produire, en général, des effets d'une étonnante grandeur. Celui-ci en particulier me
paroît d'autant plus facile à obtenir, que
non-seulement dans les écoles publiques,
mais même dans les écoles particulières,
qui toutes devront être sous l'inspection
immédiate des Magistrats, la jeunesse de
l'un et de l'autre sexe sera instruite dans
les chants et dans les rites des cérémonies
civiles et des fêtes nationales, comme elle
l'étoit autrefois à frédoner des noëls et à
chanter des antiennes.

J'ai été obligé de me transporter brus-
quement de l'invocation aux actions de
graces ; présentées sous le même point de
vue, et avec les mêmes moyens d'exécution,

tion ; elles ne pouvoient être traitées sé-
parément. Rapportons-nous à la fin des
cérémonies pratiquées sur l'autel de la
patrie.

Les jeux commencent ; les chars et les
chevaux qui sont destinés à courir font
le tour entier du cirque. Ainsi tous les
spectateurs les voient également. Dans
chaque jeu on reconnoît deux vainqueurs
égaux. Les concurrens devenant infailliblement très-nombreux par la suite, la
course se fait en deux bandes. Le but que
la première doit atteindre est opposé à
celui qui doit terminer la course de la
seconde, et *vice versâ* ; et ces termes sont
placés l'un à une extrémité et l'autre à
l'extrémité opposée, de manière que chaque moitié des spectateurs prend alterna-
tivement part à l'intérêt que l'on met na-
turellement à voir quel est celui qui va
remporter le prix.

Quant à la course à pied, le cirque est
oblong ; il y a quatre bandes de coureurs
qui toutes partent à la fois, et quatre
buts différens ; chacune des bandes court
l'une à droite l'autre à gauche, en lon-

B

geant l'amphithéâtre. Ce qui se pratique en même tems et du côté de la rivière et du côté de l'Ecole militaire. Les quatre buts sont placés au milieu de l'arène, sur deux lignes transversales. Les quatre coureurs qui dans chacune des bandes ont atteint les premiers le but, se réunissent alors deux à deux pour partir en même tems de chaque extrémité du cirque vers l'autel de la patrie, et deux restent définitivement vainqueurs, un de chaque côté. Tous les autres jeux imaginables peuvent se combiner aussi facilement.

Avant de quitter ce sujet, je reviens à l'idée d'avoir deux vainqueurs égaux dans chaque jeu. Je n'ai pas certes l'extravagance de vouloir niveler ni les fortunes, ni les talens; mais je n'en crois pas moins qu'il seroit très-politique et très-moral de ne pas présenter au peuple assemblé un citoyen vivant comme étant unique en son genre. L'habitude de l'admiration exclusive, même sur des objets étrangers au gouvernement, a souvent porté les nations à se passionner pour des hommes, qui, profitant des distinctions qui leur

étoient prodiguées, et qui les élevoient
au-dessus de tous les autres citoyens em-
ployés dans les affaires publiques, ont fini
par détruire la liberté en s'emparant de
la souveraine puissance. D'un autre côté,
si l'émulation est la mère des talens, l'orgueil en est souvent le tombeau : une gloire
qui n'est partagée qu'entre deux individus est certes un stimulant assez puissant ;
elle jouit au surplus de l'avantage de
moins exciter l'envie des jaloux et le déses-
poir des vaincus. Elle n'étouffe pas dans
l'ame du vainqueur une noble émulation
par une stérile vanité. Enfin, ces deux ri-
vaux, couronnés à la fois, faisant ensemble le tour du cirque, les bras entrela-
cés, offrent le plus touchant tableau de
fraternité et d'harmonie, et disposent le
spectateur aux sentimens d'union et de
paix, qui doivent lier tous les citoyens
entre eux.

Les jeux sont achevés, les vainqueurs
ont reçu le prix, l'action de graces part
de toutes les bouches à la fois ; le cortège
quitte l'autel de la patrie, il remonte sur
ses chars ; il y en a un de préparé pour

les vainqueurs, précédé par les prix qu'ils viennent de gagner. Le cortège fait une seconde fois le tour de l'amphithéâtre, dans un sens opposé au premier ; dans cette marche triomphale, des héraults proclament, de minute en minute, le nom des vainqueurs dans les divers jeux. Le cortège sort du cirque , et les citoyens regagnent leurs foyers ou se livrent à la danse et aux jeux particuliers.

Je ne dois pas achever sans faire remarquer qu'une pareille fête dure au moins un jour entier. Elle doit être par conséquent entrecoupée de momens de repos, marqués à la minute ainsi que chacun des actes qui constituent la fête. Le bruit du canon ou le son des trompettes signalent l'instant du repos et celui où les spectateurs doivent reprendre leurs places. Les grandes jouissances, ainsi que l'application et le travail, occasionnent une fatigue, quelquefois très-pénible ; quand elles ne nous laissent aucun relâche.

Enfin, je terminerai en observant que tout doit être disposé dans les environs de l'amphithéâtre de manière que les fa-

milles trouvent des rafraichissemens chacune suivant sa fortune , et puissent sa-
tisfaire à tous leurs besoins sans que l'in-
décence ou le dégoût viennent ternir des
sensations qui toutes doivent être aussi pu-
res qu'un beau jour.

Telles sont les idées que j'avois commu-
niquées depuis long-tems à plusieurs personnes en m'entretenant des fêtes nationales. Le désordre qui dérangea un peu
celle du 1er. vendémiaire , d'ailleurs si
belle , me les rappela avec plus de force.
J'en fis au retour le détail au ministre de
l'intérieur , qui jugea qu'elles auroient au
moins le but d'utilité dont j'ai déja parlé.
Je me suis en conséquence délassé à les
recueillir dès que j'en ai trouvé le moment. Puissent-elles appeler , en effet, de
nouvelles recherches , non pas seulement
sur cet objet paticulier, mais généralement
sur tout ce qui peut faire prospérer notre
pays. Puisse chacun de nous concourir à
rendre la République si grande qu'elle
fasse l'admiration de l'univers, si floris-
sante qu'elle soit l'objet de l'émulation de
tous ses voisins, si forte qu'aucun de ses

ennemis n'ose l'attaquer ; en un mot, si
aimable et si attrayante que le traître même qui s'apprêteroit à la déchirer, frappé
de remords plus encore que de crainte,
sente le poignard s'échapper de ses mains
et son cœur pénétré d'un salutaire repen-
tir s'ouvrir enfin à l'amour de la patrie.

NOTES.

(1) *Page* 10. J'insiste beaucoup pour que le nom d'autel de la patrie soit consacré à l'éminence sur laquelle s'exécutent les cérémonies dans les fêtes publiques. Ce mot emporte avec lui une idée tout à la fois religieuse et civique, qui doit, selon moi, caractériser ces sortes d'institutions si on veut qu'elles produisent des effets aussi étendus que salutaires.

L'anarchie, qui n'avoit que des idées gigantesques, des plans sans liaison, et un langage sans justesse, avoit donné à ce monument la dénomination extravagante de montagne. Une montagne construite par des hommes, quelle puérilité! Ces gens-là ne ressembloient pas mal aux foux qui eurent la prétention d'élever leur demeure jusqu'au ciel et qui ne produisirent que la confusion des langues.

L'aristocratie de son côté, plus adroite et plus mesurée, conséquemment plus dangereuse, n'exagérant pas, mais minant sourdement, avoit substitué la mesquine et insignifiante expression de tertre, à celle d'autel de la patrie. Elle sentoit toute la magie de ce dernier mot, que nous devons mettre autant d'intérêt à maintenir qu'elle en mettoit à le faire oublier.

(2) *Page* 11. On pourroit peut-être mettre en usage, sans de grands frais et dès la saison prochaine, les chars tels que je les propose. Il en a été construit de très-beaux pour différentes cérémonies depuis la révolution, s'ils n'ont pas été dépécés, ils pourroient, avec des réparations ou des modifications, être destinés à cela.

C'est d'ailleurs par la beauté des formes, la grandeur du style et une juste appropriation aux groupes dont ils devront être les porteurs, qu'ils doivent être distingués et produire une véritable pompe, plutôt que par des matières précieuses ou des détails très-finis qui ne s'apperçoivent pas de loin. Ils excitéroient en outre une curiosité minutieuse et rendroient l'ordre bien plus difficile à établir.

(3) *Page* 11. Il seroit à désirer que le Corps Législatif statuât sur ce point. Un grand nombre de fonctionnaires publics n'a point de costume ; d'autres, comme les Juges, en ont un mesquin et même ridicule. Js sais bien qu'il n'y auroit rien de plus fâcheux que de voir les deux Conseils s'occuper de détails de costumes. Il

seroit toujours à craindre qu'une pareille dis-
cussion n'eût des résultats bisarres. Mais sur ce
point, il me semble qu'un Corps Législatif doit
toujours faire ce qu'a fait la Convention. Il doit
nommer une Commission, et cette Commission
consulte des artistes distingués qui donnent leurs
dessins ; elle les présente au Corps Législatif et
il adopte.

Quant aux costumes en eux-mêmes, les em-
plois publics étant temporaires parmi nous, les
artistes doivent faire une sérieuse attention à ce
qu'ils ne soient pas couteux, d'autant qu'il importe qu'on en fasse usage même dans les can-
tons ruraux. C'est un moyen puissant pour appeler les habitans des campagnes aux fêtes publiques et les leur rendre imposantes. La diffé-
rence entre le curé revêtu de ses habits sacerdo-
taux et le curé en habit court contribuoit sin-
gulièrement à augmenter la valeur que l'opinion
donnoit aux sacremens et à l'accomplissement
des mystères. C'est encore ici par la beauté des
formes et un bel assortiment de couleurs qu'il
faut frapper les yeux, et non par un luxe trop
couteux.

(4) *Page* 13. J'espère qu'il viendra un tems où,
au moins dans les grandes communes, les jeunes
citoyennes composeront elles-mêmes les chœurs

répandus dans le cirque. Qu'on se rappelle que dans plusieurs républiques grecques, et notamment à Athènes, c'étoient les filles des citoyens les plus distingués qui chantoient dans les fêtes, et que c'étoit un emploi très-recherché que celui de conduire les chœurs. Eh pourquoi n'en feroit-on pas un moyen d'entretenir la pureté des mœurs, en ordonnant que celles qui auroient manqué aux devoirs de leur sexe et à la piété filiale ne pourroient pas être admises à chanter dans les chœurs? Un conseil, composé de vieillards et de la municipalité, pourroit être juges de l'admission ou de l'exclusion.

LIVRES

Qui se trouvent chez H. J. Jansen, *imprimeur-libraire, rue des Saints-Pères, no.* 1195.

Réflexions sur le culte, sur les cérémonies civiles et sur les fêtes nationales ; par L. M. Revellière-Lépeaux. Prix 12 sous.

Problème politique à résoudre : doit-il y avoir une religion dominante en France? Prix 15 sous.

Discours sur l'existence et l'utilité d'une religion civile en France, par J. B. Leclerc. Prix 8 sous.

Essai sur la propagation de la musique en France, sa conservation et ses rapports avec le gouvernement ; par J. B. Leclerc. *In-8o.* 15 sous.

Histoire naturelle des Singes, par J. B. Audebert. Cet ouvrage, *in-folio*, sur papier vélin nom de Jésus, paroît par cahier de six planches coloriées, avec le texte. Prix 30 liv. chaque cahier.

Voyage en Angleterre, en Ecosse et aux îles Hébrides ; ayant pour objet les sciences, les arts et l'histoire naturelle ; avec la description minéralogique des environs d'Edinbourg, de Glasgow, de la montagne de Kinoull près Perth, de l'île de Mull, de celle de Staffa et de la grotte de Fingal ; par le citoyen Faujas Saint-Fond. 2 vol. *in-8o.* avec figures. 12 liv.

Le même ouvrage *in-4o.* 24 liv.

Tableau de Lisbonne en 1796. 1 vol. *in-8o.* 4 liv.

Nouveau Voyage autour du monde ; précédé d'un Voyage en Italie, en Sicile, etc. ; par le cit. Pagès. 3 vol. *in-8o.* avec six belles planches. 12 liv.

Histoire secrète de la Révolution françoise, depuis la convocation des notables jusqu'au premier novembre 1796, *vieux style* ; contenant une foule de particularités peu connues, et des extraits de tout ce qui a paru de plus curieux sur cette révolution, tant en France qu'en Al-

lemagne et en Angleterre ; par F. Pagès. 2 vol.
in-8°. 8 liv.

Description des pays situés entre la mer Noire et
la mer Caspienne ; suivie 1°. d'un Mémoire sur le
cours de l'Araxe et du Cyrus ; 2°. d'Eclaircisse-
mens sur les Pyles Caucasiennes et Caspiennes ;
3°. d'une Analyse de la carte du cours de l'Araxe
et du Cyrus ; 4°. de l'Extrait d'un Voyage fait en
1784 dans la partie méridionale de la Russie ; avec
deux belles cartes, dont une sur papier grand
aigle. 12 liv. La grande carte seule 6 liv.

Valère Maxime, traduit du latin, par le citoyen
René Binet. 2 vol. *in*-8°. 6 liv. *Il y a quelques
exemplaires sur papier vélin.*

Discours sur l'histoire et sur la politique en général ; par le docteur Priestley. Traduit de l'an-
glois. 2 vol. *in*-8°. 6 liv. *Il y a quelques exemplaires sur papier vélin.*

Histoire de la décadence des mœurs chez les Ro-
mains, et de ses effets dans les derniers tems de
la république ; par C. Meiners. Traduit de l'allemand. 1 vol. *in*-12. 2 liv. 10 sous.

Essai sur la politique et la législation des Ro-
mains. Traduit de l'italien. 1 vol. *in*-12. 2 liv.

Cours d'étude pharmaceutique ; par B. Lagran-
ge, pharmacien de Paris, officier de santé des
armées de la république. 4 v. *in*-8°. avec fig. 12 l.

Les Amours de Clitophon et de Leucippe. 1 vol.
in-18, sur papier vélin, avec 4 jolies gravures.
On n'en a tiré que 500 exemplaires. 6 liv.

Woldemar, par M. H. F. Jacobi ; traduit de
l'allemand par M. Ch. Vanderbourg. 2 vol. *in*-
12 avec figures. 3 liv. *Il y a quelques exemplaires sur papier vélin.*

Ferdinand et Constance ; suivi de Julie, de Thé-
mire, du Solitaire et d'Alpin ; par Rhynvis Feith.
Traduit du hollandois. 3 vol. *in*-18, avec 10 fig.
3 liv.

DISCOURS

PRONONCÉ

Par L. M. RÉVELLIÈRE-LÉPEAUX,

PRÉSIDENT DU DIRECTOIRE EXÉCUTIF,

A la fête de la République, le premier Vendémiaire an 6.

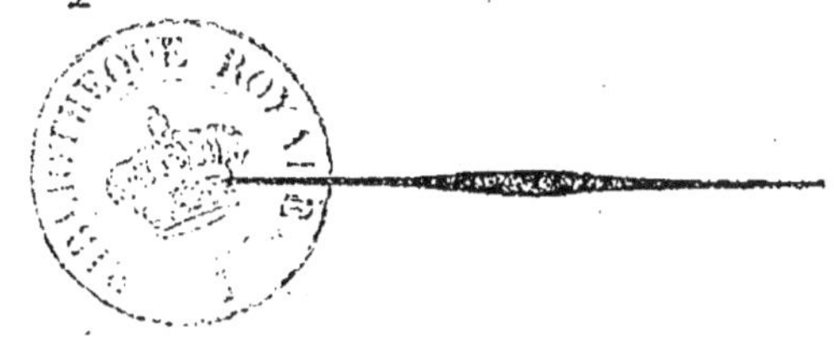

Graces te soient rendues, souverain arbitre des destinées de l'univers, graces te soient rendues, la France est République !

Depuis un grand nombre de siècles le despotisme avoit éteint le génie de la liberté qui couvrit les bords de la Méditérannée de républiques florissantes. Si quelques peuples, en petit nombre, et à de longs intervalles, secouèrent depuis le joug d'un seul, ce fut pour se courber, presqu'à l'instant, sous la main d'un nouveau

maître , ou sous la verge non moins avi-
lissante de l'aristocratie et du fanatisme.
L'esclavage , la superstition et l'ignorance
avoient assujetti les nations ; presque nulle
part sur notre continent , il n'existoit de
liberté réelle et d'égalité politique.

Depuis que des communications plus
fréquentes avoient rapproché les peuples,
et que le flambeau de la philosophie com-
mençoit à les éclairer , leurs dominateurs,
effrayés des progrès de la raison , avoient
formé une ligue impie pour éteindre les
lumières ou pour en empoisonner les effets. Rénnissant ensuite les anneaux de
la servitude que chacun d'eux tenoit sé-
parément dans sa main , ils en forgeoient
dans l'ombre de leurs antres politiques,
une chaîne oppressive , qui devoit bientôt
environner le globe sans interruption.
Leurs sanglants débats sur la portion du
lien dont chacun d'eux devoit obtenir la
garde, n'avoient fait que rendre plus unanime leur accord pour en aggraver le poids
et en hâter l'exécution. Ils croyoient
leur ouvrage à son terme....., il alloit être
brisé !

Tout-à-coup touché de nos misères,

tu fais naître dans nos cœurs une ardeur devenue presque inconnue, nos ames s'aggrandissent, ta voix puissante fait entendre le cri de la liberté ! Répété par le Peuple français dans un concert unanime, ce cri ravissant remonte jusqu'à toi. Les enfans de l'antique Gaule ne sont plus des esclaves, ils sont redevenus des hommes! Ils sappent avec un travail opiniâtre ce trône et ces dominations qui, par leur liaison et leur masse épouvantable, les écrasèrent pendant tant de siècles. A peine trois années se sont écoulées, la monarchie la plus ancienne, la plus puissante et la plus durable, en apparence, s'est écroulée avec fracas ! et graces te soient rendues, souverain arbitre des destinées de l'univers, graces te soient rendues, la France est République.

Cependant d'indignes Français, mélange bisarre de bassesse et d'orgueil, quittent leurs foyers et vont prendre les armes contre la patrie; ils pressent les puissances d'embrasser leur querelle : celles-ci, désespérées de voir interrompue et brisée une chaîne qui leur coûta tant de soins, s'avancent avec des forces immenses, pour rétablir la monarchie, ou plutôt pour s'en partager les débris ! .... C'en est fait, la France tombe dans l'abîme ! .... mais elle est soutenue par ta main ! le cri de guerre retentit de toutes parts, de toutes parts on forge des armes, et notre vaillante jeunesse, animée par ton souffle divin, forme par enchantement des armées formidables ; tu places dans le cœur de nos soldats ce bouillant courage qui sait tout braver et tout vaincre ; tu accordes à leurs chefs cette valeur tranquille et ce coup-d'œil sûr qui font tout prévoir et tout réussir. Le signal est donné, et bientôt les innombrables cohortes de nos ennemis sont dissipées par la baïonnette des républicains comme les colonnes d'une épaisse fumée par le vent de la tempête !

L'ambition et le brigandage, profitant du trouble inséparable de mouvemens aussi profonds et aussi multipliés, avoient élevé momentanément le trône affreux de la terreur sur les débris de celui des rois. Les vrais amis de la liberté, dirigés par toi, le firent disparoître en un jour. L'olivier de la paix vint successivement orner nos trophées ; une constitution fut crée, et, malgré les efforts du royalisme et de l'aristocratie, rendus vains dans la glorieuse journée du 13 vendémiaire, cette constitution, exécutée dans toutes ses parties, fixe le sort de la France ; et c'est alors, sur-tout alors, que les patriotes éclairés durent s'écrier dans la joie de leur cœur :

Graces te soient rendues, souverain arbitre des destinées de l'univers, graces te soient rendues, la France est République !

Mais quoi ! malgré de nouveaux triomphes sur le reste de nos ennemis, malgré que les plus acharnés aient enfin été réduits à entendre des paroles de paix ; malgré qu'une étonnante amélioration intérieure eut constaté la bonté de la constitution républicaine, on tente encore de la détruire, et de relever la monarchie ? Ce n'est plus la force, c'est la ruse et la corruption que nos ennemis emploient, par une suite de leurs perfides combinaisons. Des traîtres, placés dans toutes les autorités, et jusque au sein des pouvoirs suprêmes, après avoir miné les bases de notre édifice social, ne cachoient plus leurs

projets de subversion. Un instant de plus !..
la constitution étoit renversée, la République anéantie, les républicains égorgés,
et la France, couverte de ruines. et de ca-
davres, devenoit la proie des guerres civiles ! Mais ton œil paternel étoit toujours
ouvert sur nous. C'est au moment où l'Etat
penchoit vers sa ruine, que tu l'as re-
placé sur sa base. Tu fis éclater la juste
indignation des défenseurs de la patrie ;
tu frappas les conspirateurs d'aveuglement
et de terreur, tandis que tu éclairois la
marche des amis de la liberté, et que tu
leur inspirois une noble audace ! Dans
l'immortelle journée du 18 fructidor, tu
confondis les traîtres, et les enveloppas
dans les propres filets qu'ils avoient our-
dis pour nous perdre. La constitution républicaine fut affermie par les efforts même
qu'ils avoient tentés pour en opérer la
ruine.

Graces te soient rendues, souverain arbitre des destinées de l'univers ; graces
te soient rendues, la France est encore
République !

Maintenant, achève ton ouvrage ; con-
solide pour jamais cette République. Les

ennemis de la constitution de l'an 3 sont cachés, mais ils veillent ; ses amis ne doivent donc pas s'endormir dans une fausse sécurité. Que notre patrie soit sans cesse protégée par toi, et que ta pensée nous dirige. Que la grandeur des mesures prises par le corps législatif égale la sagesse de ses lois ; que le directoire exécutif mette une activité et une vigueur soutenues dans leur exécution et dans l'action du gouvernement ; que toutes les autorités civiles et militaires y concourent avec fermeté ; que nos cœurs soient toujours ouverts à la compassion et à l'humanité ; mais qu'une sévère justice, qu'une justice bien entendue ne nous permette jamais d'atténuer l'effet des moyens commandés par la loi et ordonnés par le gouvernement. N'oublions pas que si l'atrocité révolte tous les cœurs, la foiblesse attire leur mépris, et que pour empêcher quelques infortunes, malheureusement inévitables, elle plongeroit de nouveau la France dans l'abîme de maux dont nous voulons effacer jusques au souvenir ! mais sur-tout qu'éclairés par ta justice, des hommes égarés par leurs passions, cessent enfin de prendre l'espri de parti pour du patriotisme. Loin de nous ceux qui ne regarderoient les services rendus à la patrie que comme un titre pour s'en faire une propriété. Loin de nous ceux qui ne voient la République que dans ce qui les entoure ; qui ne jugent de la prospérité de l'Etat que par le degré du pouvoir et de l'influence qu'ils y obtiennent, et de l'intérêt du trésor public que par leur propre intérêt !

Inspires, au contraire, à tous les Français des sentimens grands, élevés, généreux, désintéressés ; fais régner parmi eux un esprit de paix, une mutuelle bienveillance ; un grand attrait pour la vérité et la franchise, une grande aversion pour le mensonge et l'hypocrisie, un profond respect pour la vertu, une haine égale pour le vice, un amour ardent pour la liberté, et un dévouement sans bornes à la cause de leur pays.

La France alors sera pour jamais libre, heureuse, triomphante et paisible. Puissent ces vœux ardens s'accomplir ! Puissent nos derniers neveux, également fiers et reconnoissans de l'indépendance qui leur aura été fidellement transmise par leurs pères, célébrer encore , à l'ombre d'une constitution sage et solidement établie , les fêtes de la liberté , et du sein des jeux et des concerts qui doivent les embellir , élever mille et mille fois , dans l'effusion d'un cœur reconnoissant , ces acclamations de gratitude :

Graces te soient rendues , souverain arbitre , des destinées de l'univers : graces te soient rendues , la France est République.

Vive la Liberté ! vive la République ! vive la Constitution de l'an 3.

DISCOURS

PRONONCÉ

A la cérémonie funèbre exécutée en mémoire du général Hoche, au Champ-de-Mars, le 10 Vendémiaire an 6;

Par L. M. RÉVELLIÈRE-LÉPEAUX,

PRÉSIDENT DU DIRECTOIRE EXÉCUTIF.

Dès l'aube du jour le bruyant airain avoit signalé la fête de la République; l'aurore ayant embelli l'Orient de ses plus riches couleurs, le soleil s'étoit élancé dans la carrière. Il sembloit se complaire à verser son éclat radieux sur la scène aussi touchante qu'animée qui se préparoit. Le peuple, ses magistrats et ses défenseurs s'étoient réunis pour célébrer cette belle journée par des actions de graces, par des jeux et par des concerts. L'amour de la liberté transportoit tous les cœurs, la plus douce satisfaction régnoit sur tous les visages. La paix, la concorde, un délicieux

abandon réunissoient cette foule innom-
brable dans une seule et même famille.
Par-tout étoit l'image du bonheur et l'ame
ravie se croyoit déjà transporté dans
l'Elysée . . . .

Hélas ! il est donc vrai, ce n'est qu'au
sein de l'éternel , dans le séjour de l'im-
mortalité que l'homme peut compter sur
des plaisirs sans fin et sans mélange !

Quelle vapeur obscurcit déjà l'horison ?
d'où partent ces tristes murmures qui se
mêlent sourdement aux acclamations mul-
tipliées de la joie et de la gratitude ? A ce
jour de fête va succéder un jour de deuil,
et les chants de l'allégresse seront étouffés
par les accens de la douleur. L'un des plus
fermes appuis de la République , le vainqueur de Wissembourg , de Quibéron et
du Rhin , l'immortel pacificateur de la
Vendée , Hoche n'est plus !... Il n'est
plus !...

Les citoyens consternés se demandent :
comment est-il tombé au milieu de son
armée triomphante et dans la fleur de son
âge, celui que tant de hauts faits et une
profonde sagesse avoient rendu si fameux
à l'époque où le commun des hommes

n'est pas encore parvenu à la maturité? . . .
comment est-il tombé ?

Des travaux sans nombre, une activité
sans bornes , une sollicitude toujours
inquiète pour la gloire et la prospérité de
la République ont dévoré ses forces ; les
maux dont la patrie étoit menacée par la
trahison déjouée le 18 fructidor portent le
dernier coup à son ame ardente et sen-
sible ! . . . Il succombe ! . . . Il n'est plus ! . .

Il n'est plus ! . . . ce cri lugubre a volé
d'une extrémité de la France à l'autre . . .
et à chaque instant il retentit sur mon
cœur ! Qui plus que moi doit en effet
déplorer sa perte ? Il fut le sauveur des
miens.

O toi qui fermas l'horrible plaie dont
furent affligés si longtems le pays qui m'a
vu naître et celui qui m'honora de son suf-
frage , génie tutélaire , envoyé par le ciel
dans nos contrées pour y éteindre le feu de
la discorde et y tarir la source de nos
larmes , reçois par mon organe l'hommage
de mes compatriotes désolés ! . . . ils con-
noissent leur infortune et de toutes parts ,
dans les champs mélancoliques de la Vendée et sur les riantes colines de Maine et

Loire, ton nom se prononce au milieu des sanglots et l'écho le répète en gémissant !

Mais c'est à la France entière que Hoche appartient ; tous ensemble faisons éclater nos regrets ; Bardes républicains, entonnez les chants de la mort du héros ; racontez ses exploits et ses bienfaits. Vous tous , enfans de la liberté, amans de la gloire , amis de l'humanité , soyez attentifs et frémissez !........

L'un des plus fermes appuis de la République , le vainqueur de Wissembourg , de Quibéron et du Rhin , l'immortel pacificateur de la Vendée , Hoche n'est plus !....

Il n'est plus !.... mais sa dépouille mortelle seule a péri. L'histoire et la tradition transmettront sa mémoire aux siècles futurs et le récit de ses actions, souvent répété , charmera d'âge en âge les loisirs des philosophes et des guerriers amis de la liberté !

Et toi, souverain des êtres , auguste protecteur de notre indépendance , tu feras descendre quelquefois parmi nous cette grande ame que tu composas des qualités les plus brillantes du héros et des vertus les plus précieuses du bienfaiteur de l'humanité. Si des dissentions civiles dévoient malheureusement nous diviser encore, ou d'injustes voisins nous forcer à la guerre, à ta voix secourable, Hoche s'éloignera de ta présence, quittera les doux entretiens des Législateurs qui fondèrent les Républiques, des hommes vertueux qui les rendirent heureuses et des héros qui les illustrèrent. Il planera au-dessus d'une patrie qui lui sera toujours chère, même au-delà du terme de la vie, son souffle pacificateur éteindra toutes nos haînes et la plus parfaite harmonie régnera où la discorde devoit exercer ses fureurs. Son feu guerrier se glissera dans les veines de nos soldats ; son génie militaire inspirera les chefs, et nous devrons encore des victoires au héros descendu dans la tombe !

Ce n'est donc pas à de stériles regrets que nous devons lâchement nous livrer. Lorsque le premier tribut a été payé à la nature et que les derniers devoirs ont été rendus à la cendre des grands hommes, c'est en les imitant qu'on les honore.

Accomplissons les rites funéraires commandés par le devoir et par une trop juste douleur, mais avant notre séparation, Bardes républicains, entonnez *l'Hymne à la Liberté* et *le Chant du Départ* ! Que les cris mille fois répétés de *vive la République* les accompagnent et retentissent avec eux depuis les Pyrénées jusqu'au Rhin, et depuis le Rhin jusqu'aux rives de l'Adriatique.

Au bruit de ces acclamations, soldats, saisissez vos armes, effacez vos étonnans exploits par des exploits plus étonnans encore, et forcez à la paix un orgueilleux ennemi. Législateurs, gouvernans, magistrats, redoublez d'activité, de sagesse, d'énergie et de désintéressement pour accomplir dignement vos devoirs ; citoyens de toutes les conditions, que la République soit votre idole, que la constitution de l'an 3 soit pour vous l'arche sainte et le point de ralliement ; soyez grands, justes et bons ; appellez tous les peuples à la liberté par l'éclat de vos vertus et l'image de votre bonheur, et c'est alors, seulement alors, qu'elle sera dignement honorée, la mémoire du héros que nous pleurons aujourd'hui, et que nous chérirons à jamais !

De l'imprimerie de LEMAIRE, rue d'Enfer, N°. 141.